AF555844

MODELE DES CARACTÈRES DE L'IMPRIMERIE

D'AUGUSTIN-MARTIN LOTTIN,
Libraire & Imprimeur
de Monſeigneur le Duc de BERRY;

COMPOSÉ
Par PHILIPPE-DENIS PIERRES,
ſon Éléve.

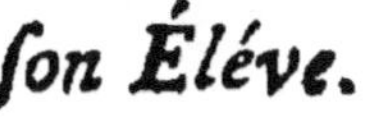

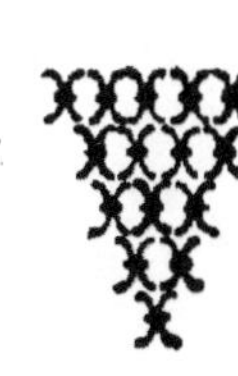

A PARIS.

MDCCLXI.

A

MONSIEUR

LOTTIN,

LIBRAIRE & IMPRIMEUR.

MOnsieur & très-cher Oncle,

LES bontés que vous avez toujours eues pour moi, m'assûrent que vous voudrez bien recevoir cet hommage de ma reconnoissance. J'ose vous offrir ce foible essay de mon travail avec d'autant plus de confiance, que son plus grand mérite est d'avoir été fait sous vos yeux.

Déja, sous vos auspices, je marche plus hardiment dans la carrière que vous-même m'avez ouverte, & dans laquelle vous avez bien voulu guider mes premiers pas.

Heureux, mon très-cher Oncle, si, mettant à profit vos leçons, je puis mériter un jour la réputation d'homme intelligent dans sa profession.

J'ai l'honneur d'être avec respect,

Monsieur & très-cher Oncle,

Votre très-humble & très-obéissant serviteur, éléve & neveu, Ph. D. PIERRES.

Paris, ce 13 *Juin* 1761.

LISTE
DE TOUS LES CARACTERES D'IMPRIMERIE.

N° 4.

Gros Canon Italique
de M. Fournier, le jeune.

Nous ſommes nés pour mourir.

N° 4.

Gros Canon Romain de M. de Sanlecque.

Dieu mérite notre amour.

N° 6.

Petit Canon Italique

de M. Fournier, le jeune.

Il ne faut jamais mépriſer les miſérables ; car ils ſont nos frères.

N° 6.

Petit Canon Romain
de M. de Sanlecque.

Nous ſommes
ici - bas
comme des
voyageurs &
des
étrangers.

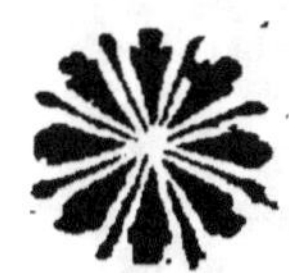

N° 8.

Gros Parangon Italique.

manque.

N° 8.

Gros Parangon Romain de M. Cottin.

Scipion l'Africain ſe rendit très-recommandable par les actions de bravoure qu'il fit paroître dans les batailles que la République Romaine livra à ſes ennemis.

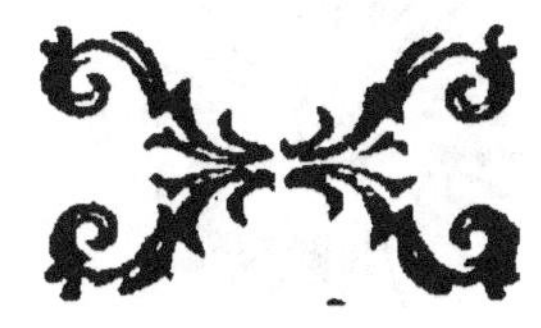

N° 9.

Petit Parangon Italique de M. Fournier, le jeune.

Cicéron, prononçant ſon diſcours pour la défenſe de Titus Annius Milon, fut ſaiſi de crainte, à la vue de la multitude des gardes qui environnoient le Sénat.

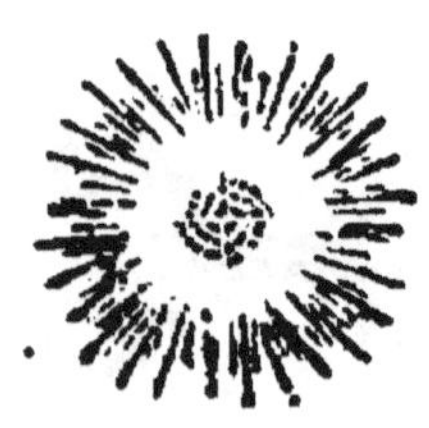

Petit Parangon Romain de M. de Sanlecque.

Les bons ſuccès inſpirent ordinairement une confiance qui fait tomber dans une eſpéce de langueur qui donne aux ennemis des avantages dont ils ſçavent bien profiter, & qui les rend bientôt victorieux.

Gros Romain Italique
de M. Fournier, le jeune.

P LINE rapporte que Céſar Auguſte avoit tué dans les combats onze millions cent quatre-vingt-douze mille hommes, ſans compter tout le ſang qui fut répandu dans les Guerres Civiles qui affligèrent la Ville de Rome.

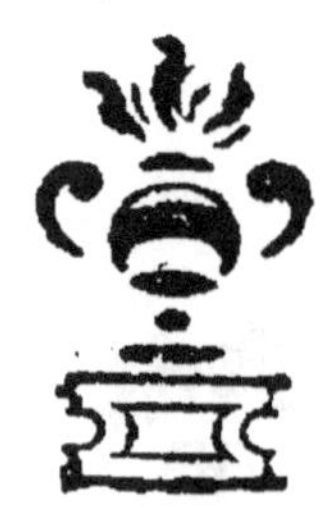

N° 10.

Gros Romain Romain de M. de Sanlecque.

LOUIS XIV fit le ſiége de Mons en 1691 ; il le pouſſa avec une ardeur incroyable, & emporta cette place en ſeize jours de tranchée. Il prit auſſi Namur dans une ſemaine ; après quoi il inſtitua l'Ordre de Saint Louis, pour récompenſer la bravoure des Officiers.

Saint Auguſtin Italique de M. Fournier, le jeune.

Le 4 Juin 1744, S. M. Louis *XV prit la Ville de Menin. On avoit dit au Roi, qu'en riſquant une attaque qui ne coûteroit qu'un petit nombre d'hommes, on prendroit cette Ville quatre jours plutôt. Il répondit qu'il aimoit mieux perdre quatre jours qu'un ſeul de ſes ſujets.*

Saint Augustin Romain de M. de Sanlecque.

La famine eſt le plus grand tourment que puiſſe ſouffrir une Ville aſſiégée ; Paris nous en a donné la preuve. Lorſqu'il fut inveſti par HENRY IV, les habitans ſe virent obligés de faire du pain avec des oſſemens de morts. Le Riche ainſi que le Pauvre ſe trouvèrent réduits à la misère commune. Il arriva dans ce ſiége un fait incroyable & inoui ; une femme mangeant la chair de ſon enfant.

N° 12.

Saint Augustin Italique de M. Gando, l'aîné.

manque.

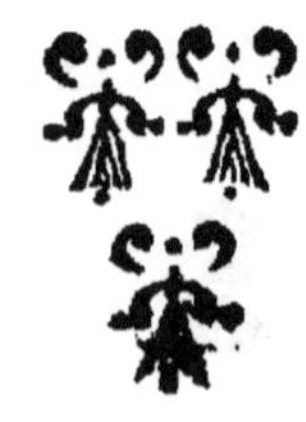

Saint Auguſtin Romain de M. Gando, l'aîné.

Une femme s'étant vu enlever par des ſoldats le peu de nourriture qui lui reſtoit, & ſe voyant ſur le point de périr, prit entre ſes bras ſon enfant qui étoit encore en bas âge, & lui repréſentant la cruauté avec laquelle elle alloit en agir envers lui, prit un couteau, & le lui plongea dans le ſein.

N° 13

Cicéro Italique
de M. Fournier, le jeune.

Chriſtophe Colomb partit de l'Eſpagne pour tenter la découverte de l'Amérique, & il y réuſſit. Il fut ſuivi par Améric Veſpuce qui ſçut profiter de ſes connoiſſances & de ſes lumières. On a nommé cette quatrième partie de l'Univers Nouveau Monde, *parce qu'il a été inconnu à tous les hommes des trois autres parties pendant plus de* 5000 *ans, & qu'il a plus d'étendue que l'ancien Monde qui eſt composé de l'Aſie, de l'Afrique & de l'Europe. Cette partie eſt une des plus fertiles & des plus abondantes.*

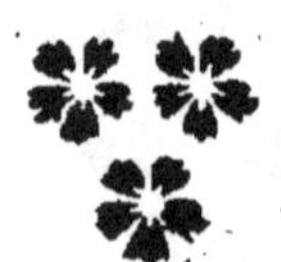

Cicéro Romain de M. Fournier, le jeune.

On préſenta le 5 Juillet 1760 à l'Académie de Montpellier un garçon, âgé de cinq ans, dont les connoiſſances prématurées firent un juſte ſujet d'étonnement. Une perſonne de diſtinction de la Cour de Verſailles lui diſant » Eh bien! mon enfant, je vous donnerai un » louis ſi vous me dites où eſt » Dieu : & moi, Monſeigneur, » répliqua-t-il, je vous en donnerai cinq, ſi vous me dites » où il n'eſt pas «.

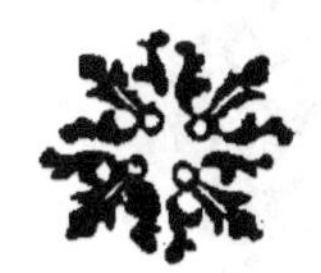

N° 13.

Cicéro Italique de M. Fournier, l'aîné.

Scipion l'Africain, après avoir pris la Ville de Carthagène, se fit amener les otages qui étoient renfermés dans la Ville, & leur parla avec bonté en leur représentant » Qu'ils étoient tombés entre les » mains du Peuple Romain qui » aimoit mieux gagner les cœurs » par des bienfaits, que de les as- » sujettir par la crainte; & s'atta- » cher les peuples étrangers par la » qualité honorable d'Amis & d'Al- » liés, que de les réduire à la triste » & honteuse condition d'esclaves «.

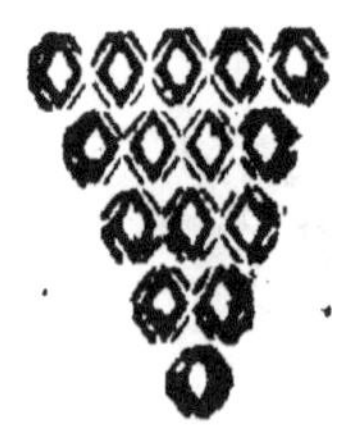

N° 13.

Cicéro Romain
de M. Fournier, l'aîné.

Après qu'ANNIBAL eut remporté une grande victoire sur les Consuls L. E. Paulus, & C. T. Varron, Maharbal, l'un des Généraux Carthaginois, vouloit que l'on marchât droit à Rome, promettant à Annibal de le faire souper à cinq jours de-là dans le Capitole; &, comme celui-ci lui répondoit qu'il falloit délibérer sur cela. » Je vois bien, répliqua » Maharbal, que les Dieux n'ont » pas donné au même homme tous » les talens. Vous sçavez vaincre, » mais vous ne sçavez pas profiter » de la victoire «.

N° 15.

Petit Romain Italique, Gros Œil.

manque.

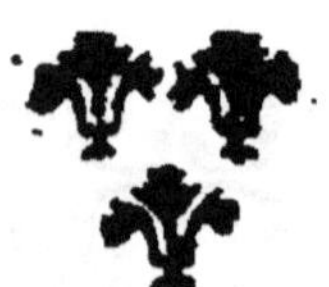

Petit Romain Romain, Gros Œil, de M. de Sanlecque.

Un Athénien vint trouver Démosthéne, & le pria de vouloir plaider pour lui contre un citoyen de qui il disoit avoir été fort outragé. Comme il racontoit ce prétendu mauvais traitement d'un ton tranquille & froid, sans s'émouvoir & sans s'échauffer : » Il n'est » rien de tout cela, dit Démosthéne; » vous n'avez point été maltraité » comme vous me le dites «. Car il pensoit qu'on ne pouvoit se dire avoir été maltraité, si on ne le disoit d'un ton animé.

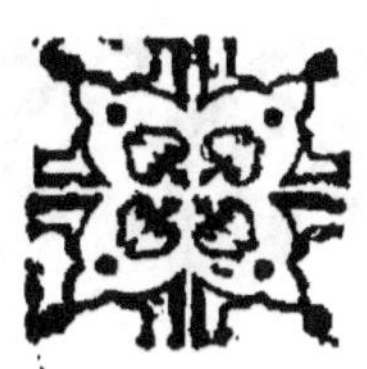

N° 15.

Petit Romain Italique, Œil ordinaire, de M. Fournier, l'aîné.

CESAR, en moins de dix ans qu'il fit la guerre dans les Gaules, prit de force plus de huit cens villes, dompta trois cens nations, combattit à diverſes fois en bataille rangée contre trois millions d'ennemis, dont il en tailla en piéces un million, & en fit un million de priſonniers. C'eſt pourquoi un Hiſtorien dit que par la grandeur de ſes vûes, par la rapidité de ſes conquêtes, par ſon courage & ſon intrépidité dans les dangers, il pouvoit être comparé, non à ALEXANDRE LE GRAND, *mais à* ALEXANDRE *exempt des excès du vin & de la colère :* Magnitudine cogitationum, celeritate bellandi, patientiâ periculorum, Magno illi Alexandro, ſed ſobrio neque iracundo, ſimillimus. *Paterc. libr.* 2, *n.* 41.

Nº 15.

Petit Romain Romain,
Gros Œil,
de M. Fournier, l'aîné.

CATON, le Cenſeur, ne s'étoit point laſſé de repréſenter dans le Sénat les ſuites fâcheuſes du luxe qui commençoit de ſon temps à s'introduire dans la République. Voyant qu'on avançoit dans la Gréce & dans l'Aſie, provinces remplies des amorces & des attraits dangereux de tous les plaiſirs, & qu'on commençoit à porter la main ſur les tréſors des Rois : » Je crains, » diſoit-il, que nous ne devenions les » eſclaves de ces richeſſes, au lieu » d'en être les maîtres ; & que les na» tions vaincues ne nous vainquent à » leur tour, en nous communiquant » leurs vices «. Ses craintes n'étoient pas imaginaires, & tout ce qu'il avoit prévu arriva.

Gaillarde Italique de M. Fournier, l'aîné.

Que n'eſt pas capable d'entreprendre l'ambition? Tout homme qui eſt poſſédé de cette paſſion ſe déferoit de ſon plus grand ami s'il croyoit qu'il dût être un obſtacle à ſes deſirs. Cesar, qui étoit d'un caractère doux, fit voir combien cette paſſion eſt cruelle & violente dans les perſonnes d'un tel naturel. Car il immola à la haine d'Antoine, Ciceron ſon bienfaiteur, l'artiſan de ſa fortune, en un mot celui qu'il appelloit ſon pere. Celui qui, pendant tant d'années, avoit employé ſa voix pour défendre les intérêts des particuliers & du public, mourut ſans trouver aucun défenſeur. Lorſqu'il fut mort, on porta ſon corps dans la Tribune aux Harangues, & on lui mit ſa tête dans ſes mains pour ſervir de riſée au peuple.

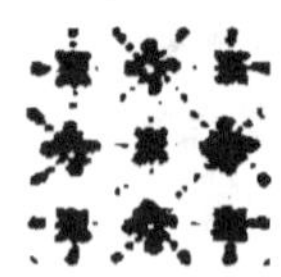

Gaillarde Romaine de M. Fournier, l'aîné.

Le Triumvirat formé entre Pompée, Céſar & Craſſus, uniquement pour leurs intérêts particuliers, & qui entraîna leur ruine, auſſi bien que celle de la République, montre ce qu'il faut penſer de la probité ſi vantée du Grand Pompée. Il alla plus loin ; &, pour affermir ſa puiſſance, il ne rougit point de prendre Céſar pour ſon beau-pere, adoptant dans cette alliance toutes ſes vûes & tous ſes deſſeins criminels, dont il connoiſſoit l'injuſtice mieux qu'un autre. Auſſi Caton, répondant à ceux qui diſoient que les différends ſurvenus entre Pompée & Céſar avoient ruiné la République : *Non*, dit-il, *mais leur union.*

Caton ne s'y étoit point trompé. Il avoit prévû tout ce qui arriva. On vit éclater la diſcorde au point que les deux partis finirent par prendre les armes.

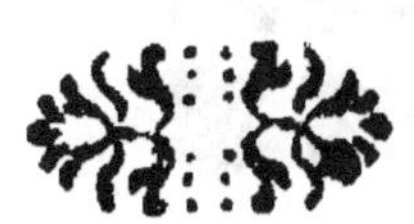

N° 17.

Petit Texte Italique de M. Fournier, l'aîné.

Il faut sçavoir également employer la force & la ruse dans la guerre ; car ce dernier parti peut quelquefois beaucoup plus que la force ouverte & les desseins déclarés. ANNIBAL dans toutes ses actions, dans toutes ses entreprises sçut méler habilement l'un & l'autre moyen.

La manière dont il trompa le plus avisé & le plus prudent de tous les chefs, en faisant allumer de la paille aux cornes de deux mille bœufs, pour se tirer d'un mauvais pas où il s'étoit engagé, suffiroit seule pour montrer combien ANNIBAL étoit habile dans la sçience des stratagèmes. Elle n'étoit pas non plus inconnue à Scipion ; & ce qu'il fit pour bruler les deux camps des ennemis en Afrique, en est une grande preuve.

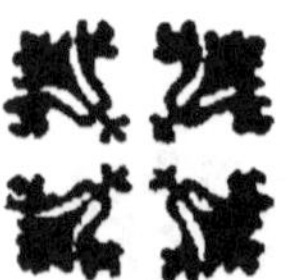

Petit Texte Romain de M. Fournier, l'aîné.

M. Fléchier, dans l'Oraiſon funébre de Monſieur de Turenne décrit ſa mort d'une manière fort ſublime, en faiſant uſage auſſi des plus vives figures. » O Dieu terrible, dit-il, » mais juſte en vos conſeils ſur les enfans des » hommes, vous diſpoſez & des vainqueurs, » & des Victoires ! Pour accomplir vos vo- » lontés, & faire craindre vos jugemens, vo- » tre puiſſance renverſe ceux que votre puiſ- » ſance avoit élevés. Vous immolez à votre » ſouveraine grandeur de grandes victimes, & » vous frappez, quand il vous plaît, ces têtes » illuſtres, que vous avez tant de fois cou- » ronnées «. Monſieur Rollin remarque que cet endroit, qui eſt certainement grand, le ſeroit peut-être encore plus, s'il y avoit moins d'antithèſes.

N° 19.

Nompareille Italique de M. Fournier, le jeune.

FABLE.

Le Laboureur & ſes enfans.

Travaillez, prenez de la peine ;
C'eſt le fonds qui manque le moins.

Un riche Laboureur, ſentant ſa mort prochaine,
Fit venir ſes enfans, leur parla ſans témoins :
Gardez-vous, leur dit-il, de vendre l'héritage
Que nous ont laiſſé nos parens.
Un tréſor eſt caché dedans.
Je ne ſçais pas l'endroit ; mais un peu de courage
Vous le fera trouver ; vous en viendrez à bout.
Remuez votre champ dès qu'on aura fait l'Oût.
Creuſez, fouillez, bêchez, ne laiſſez nulle place
Où la main ne paſſe & ne repaſſe.
Le Père mort, les fils vous retournent le champ,
Deçà, delà, par-tout ; ſi bien qu'au bout de l'an
Il en rapporta davantage.
D'argent, point de caché. Mais le Père fut ſage
De leur montrer, avant ſa mort,
Que le travail eſt un tréſor.

Nompareille Romaine de M. de Sanlecque.

M. FLÉCHIER fait une fort belle peinture de la vie privée de M. DE LAMOIGNON à sa campagne de Basville. » Que ne puis-je, dit-il, vous le » représenter tel qu'il étoit, lorsqu'après un long » & pénible travail, loin du bruit de la ville, & » du tumulte des affaires, il alloit se décharger du » poids de sa dignité, & jouir d'un noble repos » dans sa retraite de Basville ! Vous le verriez, » tantôt s'adonnant aux plaisirs innocens de l'agri- » culture, élevant son esprit aux choses invisibles » de Dieu par les merveilles visibles de la Nature; » tantôt méditant ces éloquens & graves discours » qui enseignoient & inspiroient tous les ans la » Justice, & dans lesquels, formant l'idée d'un » homme de bien, il se décrivoit lui-même sans » y penser; tantôt accommodant les différends que » la discorde, la jalousie, ou le mauvais conseil » font naître parmi les habitans de la campagne; » plus content en lui-même, & peut-être plus » grand aux yeux de Dieu, lorsque dans le fond » d'une sombre allée, & sur un tribunal de gazon, » il avoit assuré le repos d'une pauvre famille, » que lorsqu'il décidoit des fortunes les plus écla- » tantes sur le premier trône de la Justice «.

CARACTERES D'IMPRIMERIE, autres que des Lettres.

¶ ¶	*Pieds de Mouche.*
† †	*Croix.*
§ §	*Paragraphes.*
℣ ℣	*Verſets.*
℟ ℟	*Répons.*
* *	*Étoiles.*
» »	*Guillemets.*
. .	*Points.*
: :	*Deux Points.*
, ,	*Virgules.*
; ;	*Points-Virgules.*
? ?	*Points Interrogans.*
! !	*Points Admiratifs.*
[ ]	*Crochets.*
( )	*Paranthèſes.*
' '	*Apoſtrophes.*
- -	*Diviſions.*
+ √ × -	*Signes d'Algébre.*
g̃ ℔ ß ʒ ♃	*Signes de Pharmacie.*

Lettres de deux Points.

A *de deux Points*
de gros Romain.

B *de deux Points*
de Saint Auguſtin.

C *de deux Points*
de Cicero.

D *de deux Points*
de petit Romain.

E *de deux Points*
de Gaillarde.

F *de deux Points*
de petit Texte.

G *de deux Points*
de Nompareille.

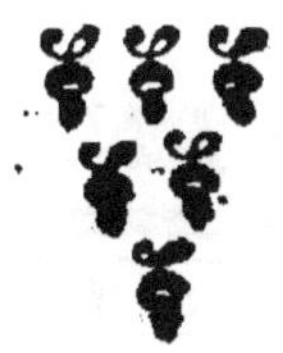

Vignettes composées.

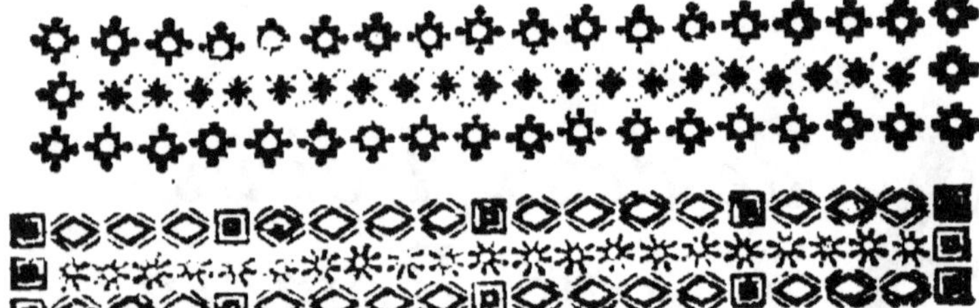

Lettres Grises composées.

Culs-de-Lampe composés.

FIN.

MDCCLXI.

www.ingramcontent.com/pod-product-compliance
Lightning Source LLC
LaVergne TN
LVHW020305230826
846091LV00006B/2531
* 9 7 8 2 3 2 9 3 4 7 1 2 7 *